Angela Anaconda™

L'école, cet enfer !

Par Kent Redeker

Traduit et adapté de l'anglais

par Alice Marchand

NATHAN

Salut, tout le monde !
C'est moi, Angela Anaconda!

Gina Lash

Joséphine Praline

Georgie Rennie

Jimmy Jamal

ET VOILÀ MES COPAINS

Johnny Abatti

Je suis une fille plutôt ordinaire qui a des chouettes copains qui ne sont pas aussi ordinaires que moi, mais quand même assez ordinaires.

Et comme la plupart des enfants ordinaires, on se pose une **GRANDE** question :

POURQUOI ON EST OBLIGÉ D'ALLER À L'ÉCOLE ?

Un jour, j'ai demandé à maman pourquoi on est obligé d'aller à l'école. Mais elle était trop occupée à être ma maman pour me répondre.

Elle a seulement dit : « TOUT LE MONDE EST OBLIGÉ, C'EST COMME ÇA. »

Maman

Alors j'ai demandé à papa. C'est un inventeur génial qui, pour l'instant, n'a encore rien inventé de vraiment génial.

Papa a répondu qu'il sait bien que l'école, ça peut être barbant parfois, mais que « L'ÉCOLE EST UN MAL NÉCESSAIRE ».

Papa

Il dit que l'école, ça sert à **APPRENDRE DES CHOSES.**

Alors je suppose que si je veux inventer des inventions géniales comme papa, un jour, je vais devoir continuer à aller à l'école...

MÊME SI C'EST L'ENFER !

Il faut d'abord que je vous dise que mon école s'appelle **ÉCOLE PRIMAIRE DE L'EAU COURANTE.**

Elle s'appelle comme ça car elle se trouve à Robinetville, qui est la ville où j'habite.

mon école

Voici notre salle de classe.

Ça, c'est moi !

C'est ici qu'on est CENSÉ apprendre des choses qu'il est utile de savoir.

Mais moi, je pense que je n'apprends qu'une seule chose : COMMENT M'ENNUYER !

ET S'ENNUYER, C'EST UNE CHOSE POUR LAQUELLE JE DEVIENS SUPER DOUÉE !

bonbon « Poisson d'Avril »

Ça me tue de l'admettre, mais chaque classe a besoin d'une maîtresse, et la nôtre, malheureusement, c'est **madame Pètesec**.

Il y a des gens qui ont une maîtresse gentille qu'ils aiment bien.

MAIS PAS MOI !

Je sais bien qu'il ne faut pas penser que sa maîtresse est une ennemie, mais c'est comme ça que je considère madame Pètesec, ma maîtresse !

MADAME PÈTESEC PORTE UNE PERRUQUE DE FAUX CHEVEUX. ON PENSE QU'ELLE A ÉTÉ FABRIQUÉE AVEC LES POILS D'UN PUTOIS !

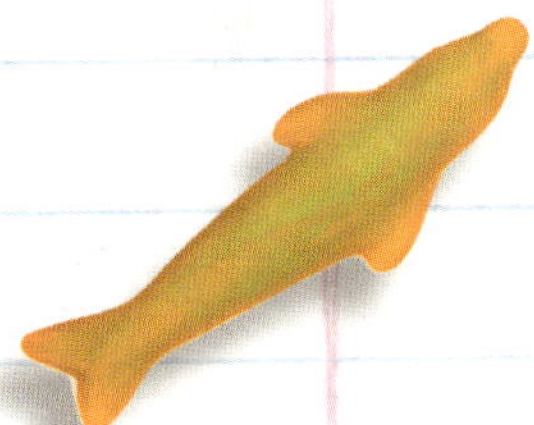

PÈTESEC, TU PUES !

Voici quelques informations utiles sur madame Pètesec :

ELLE NE VOUS INTERROGERA JAMAIS SI VOUS SAVEZ RÉPONDRE, SEULEMENT SI VOUS NE SAVEZ PAS !

Elle montre tout le temps des diapositives avec des photos d'elle et de son mari en vacances, soi-disant pour nous enseigner la « géographie ».

Vous avez déjà regardé un film de 4 heures sur le badminton ?

Les coquillages que madame Pètesec portait* en guise de bikini pendant ses dernières vacances sous les tropiques.

*enfin, sans doute

Si votre classe est comme la mienne, il y a sans doute aussi une **GROSSE FAYOTE** qui n'arrête pas de lécher **LES FESSES** de la maîtresse.

Dans ma classe, la lécheuse s'appelle **NANETTE MANOIR** – et les **fesses léchées** c'est celles de **MADAME PÈTESEC** !

Nini-Pète Manoir

Nanette (ou Nini-Pète, comme j'aime l'appeler) raconte qu'elle vient d'**ANGLETERRE**, mais en fait c'est **PAS VRAI** !

VOICI QUELQUES EXEMPLES DE CE QUE FAIT NANETTE MANOIR (OU NINI-POUILLE) POUR ÊTRE LA CHOUCHOUTE DE MADAME PÈTESEC :

Alfredo

1 Elle rend ses devoirs **à l'heure** ! Mais je pense que ça ne compte pas, car Nanette oblige son domestique, **ALFREDO**, à faire ses devoirs de maths à sa place !

2 **Elle cafte au sujet des autres élèves.**

3 Elle fait des pique-niques avec madame Pètesec et l'invite à partager ses plats anglais **DÉGOÛTANTS**.

4 Elle va chez madame Pètesec pour prendre le thé, et là elle apporte aussi à manger ! (Je le sais car j'ai dû y aller, un jour. **J'ai même dû utiliser les WC** ! **BEEEEUUUURK** !)

Madame Pètesec n'arrête pas de me punir, alors que je ne le mérite **PAS**. Et sa punition favorite, c'est de me faire nettoyer les **BROSSES À TABLEAU** !

Comme j'ai dû nettoyer les brosses à tableau un certain nombre de fois, je connais bien la technique. Je vais vous l'apprendre au cas où ça pourrait vous servir.

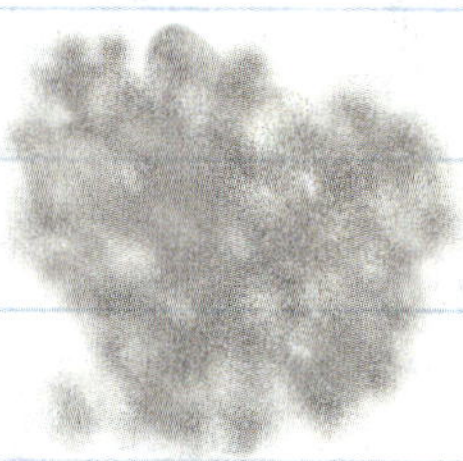

1 Quand vous frappez les brosses, tenez-les loin de votre figure ! Sinon, vous allez recevoir de la poussière de craie dans les yeux à **CHAQUE FOIS** !

2 Même quand vous tenez les brosses loin de votre figure, il faut faire attention : évitez d'aspirer de la poussière de craie.

3 Essayez de récupérer un peu de poussière de craie sur les mains. Comme ça, ensuite, vous pourrez laisser votre **EMPREINTE** dans le dos de la fausse « robe anglaise » de Nanette, qui ne vient même pas d'Angleterre !

4 Essayez de ne pas avoir d'ennuis, au départ.

ÇA, C'EST VRAIMENT DIFFICILE.

Vous vous demandez peut-être ce que je fais TOUT le temps pour devoir nettoyer TOUTES ces brosses à tableau. Eh bien, voici certaines raisons qui me viennent en tête pour lesquelles madame Pètesec m'a punie jusqu'à présent :

chewing-gum

* Mâcher un chewing-gum en classe (et le recracher par terre, où elle a MARCHÉ DESSUS).

* Apporter en classe une boîte en plastique pleine d'INSECTES.

* Verser de la COLLE partout par terre. (J'essayais d'en mettre sur sa chaise.)

* Manger des petits casse-croûte en classe.

* Aller dans les toilettes des GARÇONS.

* Laisser COMPLÈTEMENT tomber mes obligations de surveillante de couloir..

L'école, c'est **NUL** à cause de madame Pètesec, mais c'est **BIEN** parce que ça me permet de voir mes copains !

SANS EUX, JE CROIS QUE JE NE TIENDRAIS PAS UNE SEULE JOURNÉE D'ENFER AVEC MADAME PÈTESEC !

Moi avec Gina Lash

Ma copine n°1 de toute la terre, c'est ma meilleure amie Gina Lash.

Gina Lash est **LA PLUS INTELLIGENTE** de la classe et elle m'aide à faire les devoirs.

Elle vote pour mon camp chaque fois qu'il y a un vote en classe.

Et surtout, Gina Lash est ma **MEILLEURE AMIE**, et si vous voulez supporter l'école, il vous faut une amie comme **elle** !

Angela Anaconda et Gina Lash amies pour toujours (et à jamais)

JOHNNY ABATTI n'est peut-être pas le garçon le plus malin de la classe, mais c'est quand même mon copain. **POUR UN GARÇON, IL EST PLUTÔT CHOUETTE.**

La plupart du temps, Johnny Abatti n'a pas le temps de faire ses devoirs. Mais il a toujours le temps de trouver une bonne excuse, on dirait ! Bon, d'accord, parfois son excuse n'est **PAS** très bonne.

LES EXCUSES DE JOHNNY ABATTI :

- Des extraterrestres ont mangé mes devoirs.
- Gina Lash a mangé mes devoirs.
- Mon oncle Nicky Abatti s'en est servi pour essuyer des taches de pizza sur sa voiture.
- Quelqu'un est venu à la pizzeria et a commandé une pizza aux pepperoni et aux devoirs.
- J'en ai fait un avion en papier et, accidentellement, je l'ai envoyé par la fenêtre. ET UN HIBOU L'A MANGÉ.

GEORGIE RENNIE aussi est plutôt chouette pour un garçon, même si parfois il se met dans tous ses états pour toutes sortes de raisons étranges qui sont DRÔLEMENT bizarres.

La plupart des gens ne prennent pas le temps d'y penser, mais la salle de classe est pleine de dangers !

De l'encre de votre stylo POURRAIT vous gicler dans les yeux !

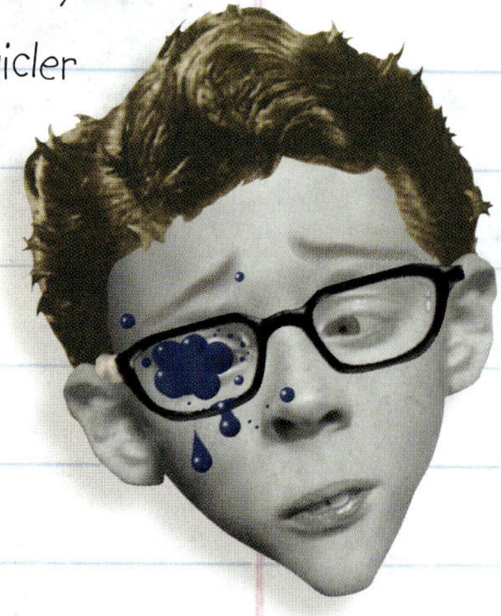

Vous POURRIEZ tomber à la renverse de votre chaise.

Vous POURRIEZ glisser sur un crayon que quelqu'un aurait laissé tomber par terre !

Et les boulettes de papier mâché sont extrêmement peu hygiéniques !

N'oubliez pas : vous POURRIEZ vous coincer la tête dans la corbeille à papiers.

Sans parler de tous les périls que vous affrontez pour votre santé dans les toilettes des garçons ! Dans les WC, toutes les sortes de GERMES et de BACTERIES prolifèrent ! Je ne touche JAMAIS rien sans enfiler des gants de caoutchouc.

Et vous POURRIEZ vous retrouver la tête coincée dans la lunette des WC !

COMMENT fais-tu pour qu'il t'arrive ce genre de trucs, Johnny Abatti ?

Voici un portrait de **Hank**, le poisson rouge de la classe. Parfois, quand il nage dans son aquarium, je me demande **À QUOI IL PENSE ?**
Voici certaines choses auxquelles je pense que Hank pourrait penser.

À l'école, l'endroit où on s'assied est TRÈS IMPORTANT.
La quantité d'ennuis que vous aurez en dépend.

L'endroit où il ne faut se mettre à aucun prix, c'est le PREMIER RANG. Il a plein d'inconvénients :

1. Vous êtes plus près de la MAÎTRESSE. Certaines personnes (comme Nanette Manoir) peuvent trouver ça chouette. Mais si votre maîtresse est aussi barbante que la mienne, vous voudrez certainement être aussi loin d'elle que possible !
2. Devant vous, il n'y a personne à qui parler TOUT BAS.
3. Il n'y a personne non plus derrière qui vous CACHER si vous voulez faire un truc sans que madame Pètesec le voie.

Le rang du milieu, c'est mieux (je peux le dire, c'est là que j'ai ma place) parce que :

1. Vous êtes un peu PLUS LOIN de la maîtresse.
2. Vous avez quelqu'un devant vous à qui vous pouvez dire des trucs TOUT BAS sans vous faire trop remarquer.

3. Vous avez quelqu'un pour cacher certaines choses qu'il vaut mieux cacher.

Voici une chose que vous ne voulez vraiment PAS que madame Pètesec voie !

La meilleure place, si vous pouvez y aller, c'est le dernier rang. Ça, c'est aussi loin de madame Pètesec que possible. Vous êtes tellement LOIN de madame Pètesec que je ne suis même pas sûre qu'elle puisse vous voir, la plupart du temps !

C'est pour ça que quelqu'un comme JOHNNY ABATTI peut lancer des boulettes de papier mâché **et** s'endormir sur sa table **et** se curer le nez **et** lancer des avions en papier **et** être loin d'avoir autant d'ennuis que moi.

Parfois, on fait des **SORTIES** avec la classe.

C'est **CHOUETTE** car ça nous évite d'être en classe avec madame Pètesec.

Mais c'est aussi **L'ENFER** à cause des règles de madame Pètesec pour les sorties.

ON ne court pas !

RÈGLES POUR LES SORTIES

On ne parle **PAS** !

On ne se bouscule **PAS** !

On ne chuchote **PAS** !

On ne touche **À RIEN** !

On ne pose **PAS** de questions !

On ne mâche **PAS** de gomme !

On ne fait **PAS** de « bruits étranges » !

On ne mange **PAS** de restes douteux – ni autre chose !

On ne demande **PAS** la permission d'aller aux toilettes !

On ne se déshabille **PAS** !

On ne sourit **PAS** !

On ne fait **PAS** le singe !

On ne montre **PAS** qu'on s'ennuie !

On ne joue **PAS** des coudes !

On ne fait **PAS** de bulles avec son chewing-gum !

On ne saute **PAS** !

On ne se tortille **PAS** !

On ne se lèche **PAS** le doigt avant de l'enfoncer dans l'oreille d'un camarade !

On ne montre **PAS** ses émotions !
On ne demande **PAS** à madame Pètesec ce qu'il y a dans sa petite flasque !

On ne sème **PAS** ses restes douteux !

Les seules journées d'école qui sont **CHOUETTES**, c'est les jours où on ne doit **PAS** aller à l'école !

Les vacances, comme Noël, c'est chouette. Mais ce qui est encore mieux, c'est les jours où on est censé aller à l'école, mais où il arrive quelque chose et alors on n'est plus obligé d'y aller !

Un jour, par exemple, il y avait une fuite de gaz dans notre école. Ils nous ont dit qu'on ne devait pas y aller ce jour-là car toute l'école risquait d'exploser.

Ça, c'était la bonne nouvelle. La mauvaise nouvelle, c'était que finalement l'école n'a **PAS** sauté.

Mais les meilleures journées où on est dispensé d'aller à l'école, c'est...

... QUAND ON EST MALADE !

On fait tous des choses différentes quand on est malade et qu'on doit rester à la maison.

ANGELA

Moi, j'aime **REGARDER LA TÉLÉ** sans avoir à me bagarrer avec mes frères.

JOHNNY

Quand je fais semblant d'être malade, je **JOUE AU HOCKEY** en chaussettes dans ma chambre.

Quand je suis vraiment malade...

... JE VOMIS !

GEORGIE

Je bois beaucoup de **FLUIDES** et je prends le maximum de repos.

NANETTE

Je me fais faire une manucure et je bois des cocktails de fruits frais avec du pollen d'abeilles anglaises.

Je dessine également **DES IMAGES GAIES** de ce que je ferai quand je serai guéri.

JOSEPHINE

Je fais des mots croisés sur le thème de la Bible !

MADAME PÈTESEC

Je cherche de nouvelles façons d'être méchante avec Angela !

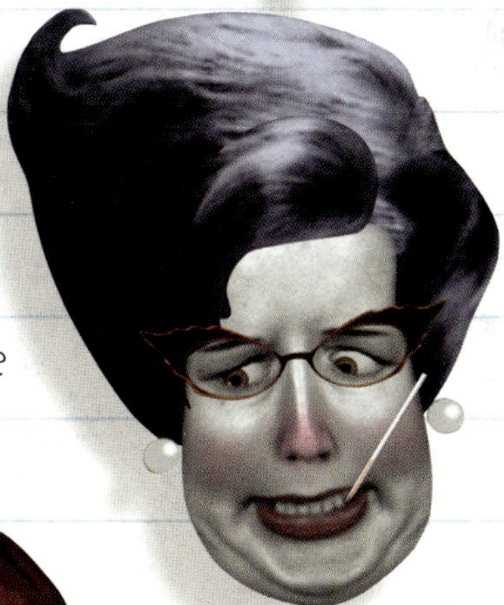

GINA

J'écris des lettres de protestation aux autorités locales. Et je mange beaucoup de « **NOURRITURE POUR MALADES** » : *soupe de poulet, biscottes, jus de raisin et gelée de fruits.*

Un jour, madame Pètesec était vraiment malade et on a eu une REMPLAÇANTE. Elle était drôlement chouette. **(Et même, elle n'aimait pas Nanette.)**

Mais je pense que si on devait tous choisir notre remplaçant de rêve, on donnerait chacun une réponse différente !

ANGELA

Je choisirais mon héros de l'espace **préféré** : BOB L'ASTRONAUTE ! Il pourrait nous apprendre des trucs scientifiques sur l'espace et nous emmener faire les excursions les plus chouettes du monde ! On irait au zoo, par exemple. **Ou dans l'espace !**

GINA

Je choisirais MONSIEUR MAPPERSON. Ce n'est peut-être pas un professeur certifié, mais du moment qu'il apporte quelques dizaines de **brioches à la cannelle** tous les jours, je promets de faire l'effort d'apprendre quelque chose toute seule !

GEORGIE

Si je devais choisir un remplaçant pour la maîtresse, je prendrais MON PÈRE, comme ça j'aurais peut-être l'occasion de passer un petit peu plus de temps avec lui.

NANETTE

Si je devais choisir une remplaçante, je prendrais MADAME PÈTESEC. Comment pourrais-je penser à quelqu'un d'autre, alors que madame Pètesec est déjà la maîtresse idéale ?

JOHNNY

Pas d'hésitation : je choisirais mon ONCLE NICKY ABATTI comme remplaçant. Il ne travaille pratiquement jamais, et il a arrêté l'école en cours de route. Il sait quand même des tas de trucs cools, par exemple comment faire les boulettes de **papier mâché**.

une boulette d'oncle Nicky

Johnny Abatti dit que la raison pour laquelle on est obligé d'aller à l'école, c'est pour pouvoir trouver un TRAVAIL quand on sera grands.

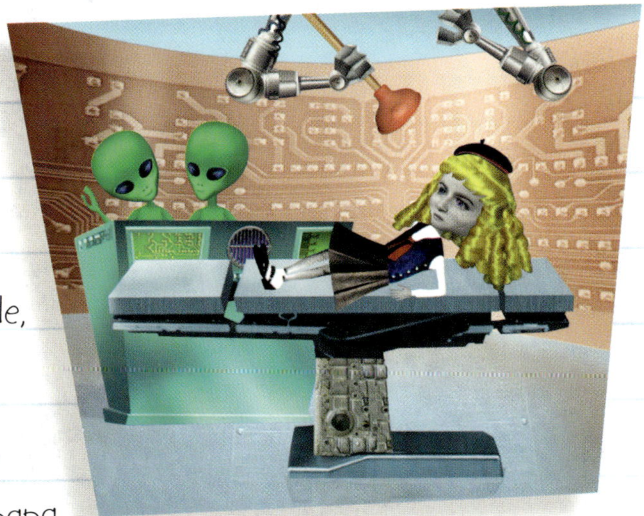

Avec toutes les TORTURES que je dois subir à l'école, j'ai intérêt à trouver un travail SUPER-MEGA-CHOUETTE !

Je pourrais être un INVENTEUR d'inventions, comme papa, et peut-être même inventer des moyens de rendre Nini-Pouille moins embêtante. **(Si j'y arrive, je vais sûrement gagner le prix Nobel ou un truc de ce genre !)**

Je pourrais être un SUPER-HEROS qui combat les vilaines pestes comme Nini-la-Verrue !

Je pourrais peut-être élever des CROCODILES comme **Mamie Lou** en Floride.

Ou bien je pourrais être un DETECTIVE, et je me servirais de mon stylo d'agent secret pour découvrir pourquoi **Johnny Abatti** garde toutes ces chaussettes puantes dans son casier.

Bon, je veux bien admettre que l'école est **NÉCESSAIRE**, mais c'est quand même L'ENFER ! En fait, il n'y a **PAS UNE SEULE** chose à l'école qui ne soit pas **HORRIBLE**.

Bon, la dernière sonnerie n'est pas **PRÉCISEMENT** un truc de l'école, mais je suppose que ce sentiment de joie qu'on ressent quand l'école est finie jusqu'à demain, c'est vraiment la **MEILLEURE** chose qu'il puisse jamais y avoir à l'école !

Basé sur la série télévisée *Angela Anaconda*®
créée par Joanna Ferrone et Sue Rose

Édition originale parue sous le titre : *School is a necessary evil*
Première édition : Simon & Schuster.

ISBN 209211091-8
Dépot légal : février 2002
Loi n° 49956 du 16 juillet 1949 sur les publications destinées à la jeunesse
Projet 10089930 (I) 8 CSBTS 170 GRS
Officine Grafiche De Agostini - Italie